NOTICE ABRÉGÉE

SUR

ALPH. DUVERGIER

INGÉNIEUR-CONSTRUCTEUR

ET SUR SA CARRIÈRE INDUSTRIELLE

PAR

M. MARTIAL BONNES

MEMBRE DE LA SOCIÉTÉ DES SCIENCES INDUSTRIELLES DE LYON
ET L'UN DE SES FONDATEURS

Conserver la couverture

Lue en Séance générale de la Société des Sciences Industrielles de Lyon
le 11 Février 1879

LYON
IMPRIMERIE PITRAT AÎNÉ
4, RUE GENTIL, 4

—

1879

NOTICE ABRÉGÉE

SUR

ALPHONSE DUVERGIER

NOTICE ABRÉGÉE

SUR

ALPH. DUVERGIER

INGÉNIEUR-CONSTRUCTEUR

ET SUR SA CARRIÈRE INDUSTRIELLE

PAR

M. MARTIAL BONNES

MEMBRE DE LA SOCIÉTÉ DES SCIENCES INDUSTRIELLES DE LYON
ET L'UN DE SES FONDATEURS

Lue en Séance générale de la Société des Sciences industrielles de Lyon
le 11 Février 1879

LYON

IMPRIMERIE PITRAT AINÉ

4, RUE GENTIL, 4

1879

NOTICE ABRÉGÉE

SUR

ALPHONSE DUVERGIER

INGÉNIEUR-CONSTRUCTEUR

Un triste événement vient de porter le deuil
parmi nous ; un des nôtres, M. Duvergier, possé-
dant à la fois notre plus haute estime et notre
affection, a terminé sa très honorable carrière le
28 janvier dernier, laissant après lui de très vifs
regrets.

Comme corps nombreux, l'ayant possédé dans
nos rangs, nous lui devions un souvenir durable
inscrit dans nos Annales. C'est pour remplir ce but
que l'exposé suivant, reconnu nécessaire, a été
confié à l'un des nombreux amis du défunt, à celui

qui par position, pouvait préserver de l'oubli beaucoup de faits dignes d'être conservés.

La durée de la vie, chez notre cher collègue, peut être divisée en trois périodes bien distinctes, si nous cousidérons les différentes manières d'être dans lesquelles il s'est trouvé ; le point de départ s'étend, on le conçoit, de l'enfance à l'adolescence.

Examinons-le d'abord dans ce premier état.

Né à Saint-Hilaire-le-Grand, département de la Marne, le 18 mars 1818, de parents sans fortune et très honorables, il commence fort à bonne heure ses études chez l'instituteur de cette localité ; il les poursuit sans relâche à Châlons-sur-Marne, que nous pouvons considérer comme le véritable berceau de ses connaissances sérieuses. Il s'occupe avec une ardeur incessante de tous les devoirs qui lui sont imposés et qui peuvent convenir à son âge ; chacun sait qu'ils sont nombreux. Pour lui, la parole du maître ne se perd pas dans l'air. Ce qu'il est maintenant fait préjuger ce qu'il pourra devenir un jour. Loin de s'en tenir au devoir exigé, par un élan naturel, on le voit, sobre de ses récréations, en réserver une partie pour n'être jamais à à la remorque de ses condisciples. Bien plus, il ne craint pas de s'aventurer vers l'inconnu ; c'est ainsi qu'élargissant le cadre de ses études, il fait tous ses efforts pour faire entrer dans sa mémoire des notions qui sont d'un âge plus avancé que le sien et dont il n'est jamais question dans les premières années classiques.

Dire ici tout ce que Duvergier a logé d'idées disparates dans son cerveau, au milieu du bruit qui l'environnait, serait chose impossible ; il voulait savoir et savoir beaucoup, non par ostentation, mais pour apaiser la soif ardente d'apprendre qui résidait en lui depuis ses plus jeunes années ; il avait eu conscience de ses aptitudes nombreuses, la nature l'avait richement doté.

Elle fut fort heureuse l'idée de ses bons parents lorsqu'ils résolurent de le faire admettre dans une école d'arts et métiers ; avec leur position très modeste il ne fallait pas songer à l'école Polytechnique. Mais ici, dans cette moindre position et pour l'ambitieux du savoir, le champ était encore assez vaste, ce que beaucoup de personnes ignorent, n'ayant jamais approfondi cette question devenue de plus en plus délicate ; il serait hors de propos de l'aborder maintenant.

Revenant à notre sujet, disons que Duvergier fit

son entrée à l'école d'arts et métiers de Châlons-sur-
Marne en 1836, par conséquent à l'âge de dix-huit
ans environ ; cette admission présenta ce fait parti-
culier : les membres du jury, après l'examen régle-
mentaire, déclarèrent que le candidat, d'après son
degré d'instruction, devait être dispensé de faire
une première année. Cette décision, rendue sous
l'influence d'un mérite qui s'affirmait, n'a pas be-
soin de commentaires.

Comme la fortune est bien souvent inconstante
et même capricieuse, il est assez intéressant de connaître ce que devint la situation de Duvergier au
milieu de ses nouveaux camarades ; le voici :

Il a toujours été sergent-major de sa division,
c'est-à-dire premier, et les deux premières médailles
qui ornent son beau médailler attestent la réalité
d'un succès qui ne s'est jamais démenti.

En ce monde très positif on ne vit pas de lauriers.
Les triomphes de l'intelligence, malgré tout leur
éclat, doivent être suivis d'applications utiles à la
fortune publique, conçue dans le sens le plus large
et le moins matériel possible. Cette vérité banale
était parfaitement connue de celui qui fait l'objet
de cette Notice. Il devait, en premier lieu, au sor-
tir des écoles, se résoudre à une situation militante,

vu l'absence de fortune personnelle et se montrer docile sans bassesse au milieu des événements.

Voici quelques lignes écrites de sa main dans la note qui lui fut demandée en 1867 par les membres des jurys de l'Exposition :

« J'ai toujours été peu disposé à parler de moi,
« aussi suis-je peu connu ; force est donc de dire
« moi-même qui je suis. Je m'occupe d'industrie
« depuis vingt-neuf ans. Pendant vingt ans j'ai
« travaillé pour le compte d'autrui sans me préoc-
« cuper de mes intérêts et de mon individualité.
« Depuis neuf ans seulement, je travaille pour mon
« propre compte. »

Cette déclaration faite en termes si clairs et si simples, qui remonte à peu près à onze ans, nous fait connaître que Duvergier, dégagé de toute attache, comptait, au moment de sa mort, à peu près dix-neuf années de travaux effectués sous son unique direction. Pour ne pas faire entrer dans notre compte d'années des fractions d'une valeur douteuse, nous pouvons évaluer à quarante ans la période entière du travail, depuis la sortie de l'école en 1838, jusqu'au fatal décès, arrivé comme il vient d'être dit le 28 janvier dernier.

Si l'on songe que notre malheureux ami n'avait pas
encore complété sa soixante et unième année, alors
que sesvieux parents qui l'avaient précédé dans la
tombe étaient devenus plus qu'octogénaires, on est de
suite frappé de cette différence qu'il faut attribuer
en grande partie à l'excès d'un travail intellectuel
presque incessant ; la limite moyenne, pour Duvergier a sans doute été dépassée en cette circonstance
et d'une manière beaucoup trop sensible.

Il convient de dire ici que notre remarquable
industriel a été très bien secondé par un nombreux
personnel lui étant entièrement dévoué, se confor-
mant strictement à ses ordres toujours bien réflé-
chis ; il l'avait formé, discipliné d'après les meil-
leures méthodes que sa longue expérience était
venue lui révéler, et c'est bien ainsi que doit toujours procéder l'homme chargé de grandes entre-
prises. Sans manquer de dignité, il savait se faire
obéir quelquefois par un mot, par un signe, par
un simple regard ; la harangue n'était pas longue,
comme vous le voyez.

Le texte entrepris pour glorifier la mémoire de
celui que nous regrettons atteindrait de trop grandes proportions si nous voulions lui donner l'éten-
due qu'il comporte ; les traits caractérisques qui

s’y rattachent sont tellement multipliés qu’il devient indispensable pour le moment de les laisser dans l’ombre. Nous aurons l’occasion de revenir sur ce sujet aussi curieux qu’émouvant, car il est de notre devoir de ne rien ravir à la mémoire du défunt.

Ces réserves une fois faites, et elles étaient indispensables, n’oublions pas d’affirmer que l’œuvre de Duvergier, connue partiellement par les uns et par les autres, ne l’a guère été dans tout son ensemble ; on le disait adroit, ingénieux, persévérant dans ses recherches, échappant au vulgaire ; s’il fallait copier, il copiait, sa profession l’exigeait ; mais il voulait aussi inventer, faire mieux qu’autrui ; c’était sa tendance, il y cédait volontiers, même au risque d’un échec qu’il avait la prudence d’éviter par tous les soins possibles, et presque toujours il réussissait ; c’est ce dont nous pouvons fournir la preuve en faisant appel à l’une de ses inventions sanctionnée par le temps.

Comme exemple généralement connu à Vaise, à Lyon, prenons son élévateur hydraulique, construit en 1862, digne certainement des plus grands éloges, mais qu’il serait trop long de décrire ici. Cet appareil rappelle la mécanique des anciens, celle d’Archimède ; le but proposé au mécanicien est parfaitement atteint, le résultat dépasse toutes les espérances.

A cette occasion l'inventeur prend la plume, car il écrit aussi, mais comme bien d'autres n'écriraient pas ; lisons sa description si correcte, faite avec une concision et un naturel vraiment peu ordinaires [1]. On aime ce savant qui raconte si bien, même sans l'avoir connu.

Par cette citation, nous venons de remonter vers le passé, de seize années au moins. C'est à peu près l'époque de notre fondation et nous fûmes très heureux de pouvoir compter au sein de nos réunions hebdomadaires un ingénieur d'un mérite aussi remarquable, qui par la suite et pendant un certain nombre d'années voulut bien consentir à présider nos séances. Nul ne voulait être professeur parmi nous, même plusieurs membres de l'Académie des sciences, tout le monde était élève ; c'était, si nous nous en souvenons bien, l'enseignement mutuel, préférable à beaucoup d'autres.

Duvergier, dans l'intimité, devenait très expansif ; il osait alors parler de botanique, de géologie, d'histoire, des règles grammaticales, des auteurs

[1] Voir à ce sujet le premier volume des *Annales de la Société des Sciences industrielles*, série B, page 3.

latins, d'astronomie, de gnomonique ; il semblait vouloir revenir à ses vingt ans. Nous l'avons vu tout fier d'expliquer comment il avait tracé un cadran solaire vertical déclinant au moyen du théodolithe, méthode qui n'est certainement pas la meilleure.

Ce genre de communications se faisait pour ainsi dire à la dérobée. Ses connaissances, comme on le voit, étaient très variées, ce qui ne nuisait nullement à sa profession. Au risque d'avancer un bien étrange paradoxe, ne pourrait-on pas dire que les grands spécialistes sont ceux qui possèdent les connaissances les plus étendues et les plus diverses, car dans ce monde tout influe sur tout.

Si nous franchissons au pas de course tous les titres que Duvergier sut conquérir par son intelligence active, et ils sont nombreux, il en est un que nous ne pouvons nous dispenser de mentionner.

Les jurys d'examen qui se réunissent tous les ans dans certaines institutions fondées pour l'instruction publique, appelaient auprès d'eux, comme collègue, Duvergier, à cause de la solidité de son jugement et de son impartialité bien connue. Il s'agissait toujours de l'admission ou du refus des candidats, de la répartition des prix à décerner.

Entrant dans un autre ordre d'idées et nous arrê-
tant à l'étude physiologique du savant qui fait l'objet de nos recherches, nous constatons qu'il était
de taille peu élevée, mais d'une forte constitution.
Les forces physiques et morales, bien équilibrées,
devaient se trouver à l'aise dans ce logis. La tête,
volumineuse relativement au corps, devait renfer-
mer un vaste cerveau bien organisé. Le front était
haut ; les yeux, logés dans de grands orbites indi-
quaient, jusqu'à un certaint point, la puissance et
l'audace ; leur effet primitif se trouvait bien tem-
péré par l'excès du travail ; la voix était grave
et vibrante. Quant à l'allure, elle était habituelle-
ment calme et avait quelque chose de patriarcal qui
frappait tout le monde.

Ce portrait, simplement esquissé, n'est qu'un
léger aperçu de tout ce que l'on pourrait dire sur
un pareil sujet.

Il nous est bien pénible, maintenant, d'arrêter
notre pensée sur une mort qu'aucun de nous ne
croyait aussi prochaine. Le trenblement nerveux
qu'éprouvait Duvergier remontait à plusieurs années ; il n'exerçait aucune mauvaise influence sur
ses facultés mentales, sur son esprit, resté lucide
jusqu'à la dernière heure ; il s'est donc éteint avec

toute sa raison, et les derniers mots qu'il a pu nous adresser, sont venus nous en convaincre.

Enfin l'instant fatal est arrivé, son noble cœur a cessé de battre au grand désespoir de son entourage ; il n'est resté de ce qui fut Duvergier que de la matière inerte et froide comme le marbre, abandonnée par le principe qui lui donnait la vie.

Ce malheureux événement a revêtu le caractère d'un deuil public par le nombre considérable d'assistants aux funérailles, pris dans toutes les classes de la société, par leur tenue tout à fait digne. A l'aspect d'un aussi grand spectacle chacun disait : quel cortège !..... quel recueillement !!.......

A cette admiration, il faut bien le dire, se joignait un regret, celui de ne pas apercevoir le signe de l'honneur au-dessus des dépouilles que l'on transportait à leur dernière demeure. Par un oubli bien involontaire sans doute, Duvergier n'avait pas été décoré.

www.ingramcontent.com/pod-product-compliance
Lightning Source LLC
Chambersburg PA
CBHW050747070726
47597CB00009B/4113